0

zéro

noll

10

dix

tio

20

vingt

tjugo

30

trente

trettio

40

quarante

fyrtio

50

cinquante

femtio

60

soixante

sextio

70

soixante-dix

sjuttio

80

quatre-vingt

åttio

90

quatre-vingt-dix

nittio

100

cent

ett hundra

1000

mille

ett tusen

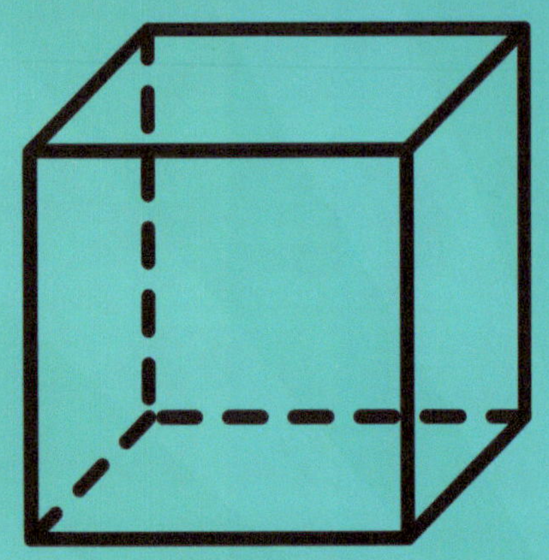

cube

kub

bloc

block

glaçon

isbit

caramel

karamell

sucre

socker

dé

tärningar

boite cadeau

presentask

boîte en carton

kartonglåda

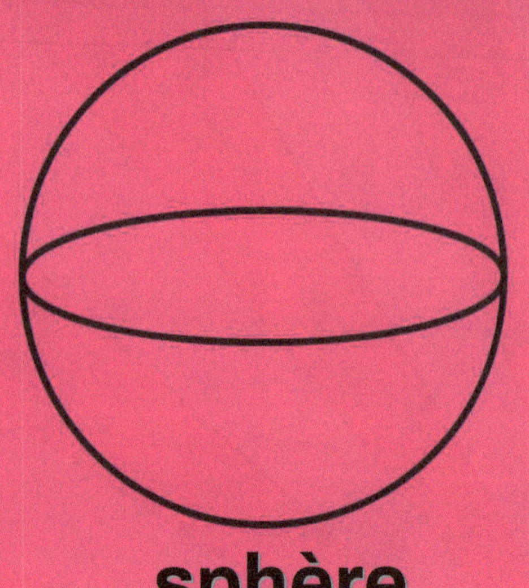

sphère

sfär

boule de glace

glasskula

perle

pärla

bulle

bubbla

billes

kulor

planète

planet

boule de neige

snöboll

balle de tennis

tennisboll

cylindre

cylinder

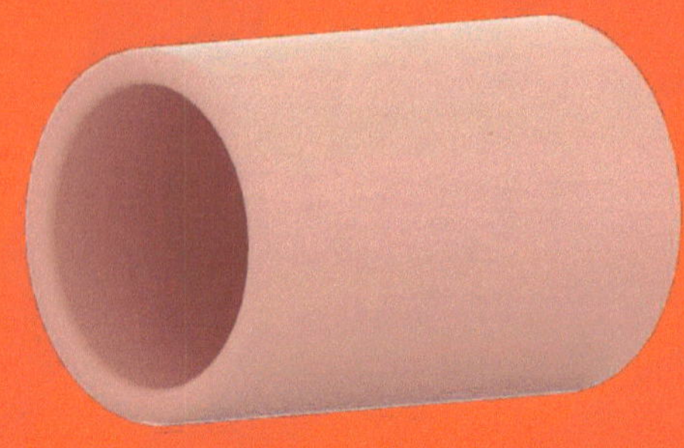

tube

rör

piles

batterier

bobine de fil

trådspole

cannelle

kanel

rouleau à pâtisserie

kavel

saucisse

korv

botte de foin

höbal

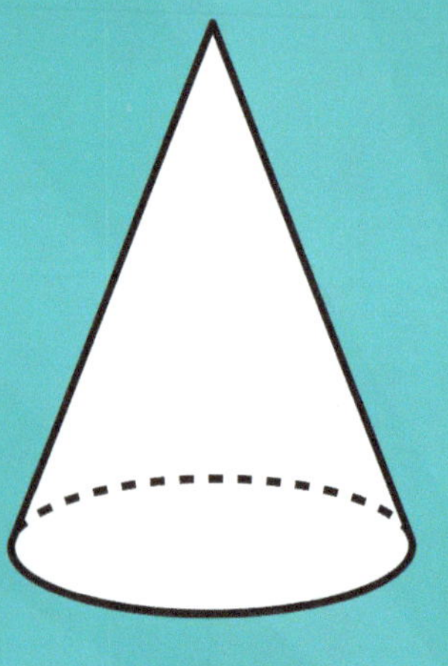

côneƒ

cône de signalisation

kon

vägkon

cornet à glace

chapeau de sorcière

glasstrut

häxhatt

donjon

fängelsehåla

sapin

gran

chapeau de fête

partyhatt

escargot

snigel

mûre

björnbär

groseille

vinbär

clémentine

klementin

durian

durian

fruit du dragon

drakfrukt

jacquier

jackfrukt

carambole

stjärnfrukt

asperge

sparris

radis

rädisa

haricot rouge

kidneyböna

navet

rova

manioc

kassava

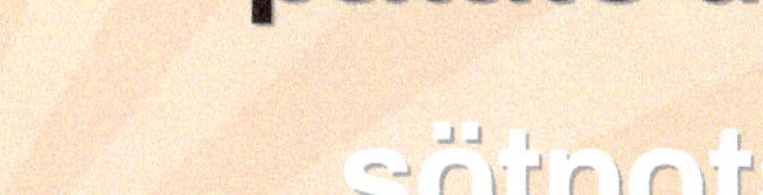

patate douce

sötpotatis

pois chiches

kikärtor

aigle

örn

chauve-souris

fladdermus

castor

bäver

flamant rose

flamingo

corbeau

korp

merle

koltrast

mésange

blåmes

pie

skata

hirondelle

svala

alouette

lärka

perruche

parakit

pivert

hackspett

paon

påfågel

perroquet

papegoja

toucan

tukan

cigogne

stork

corail

korall

anémone de mer

havsanemon

oursin

sjöborre

hippocampe

sjöhäst

poisson-clown

clownfisk

poisson rouge

guldfisk

crabe

krabba

bernard-l'ermite

eremitkräfta

dauphin

delfin

narval

narval

pieuvre

bläckfisk

calamar

bläckfisk

requin-baleine

valhaj

orque

späckhuggare

baleine bleue

blåval

béluga

vitval

requin-marteau

hammarhaj

requin blanc

vithaj

requin citron

citronhaj

requin tigre

tigerhaj

sauterelle

gräshoppa

chenille

larv

scorpion

skorpion

lézard

ödla

dinosaures

dinosaurier

cheveux noirs

svart hår

cheveux roux

rött hår

cheveux bruns

brunt hår

cheveux blonds

blont hår

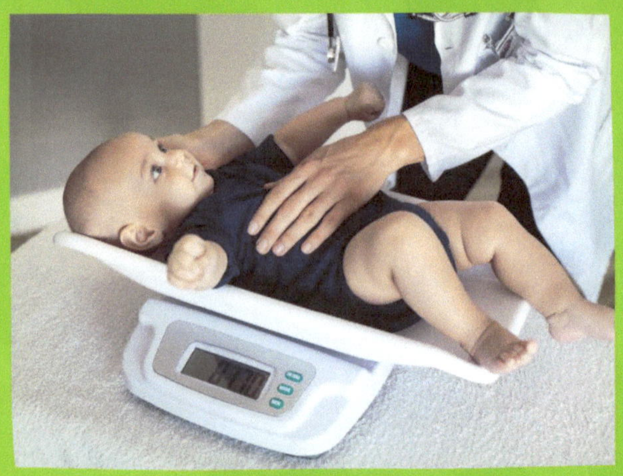

balance

våg

hôpital

sjukhus

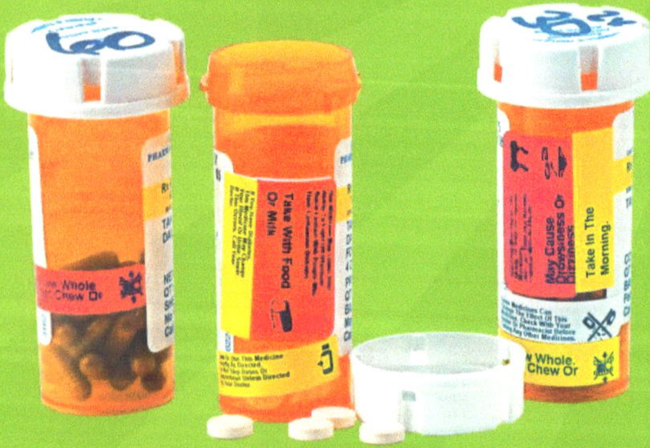

médicament

medicin

thermomètre

termometer

pansement

bandage

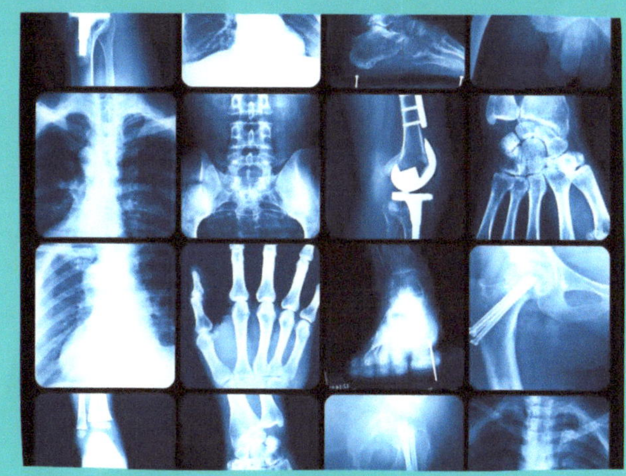

radiographie

röntgen

docteur

läkare

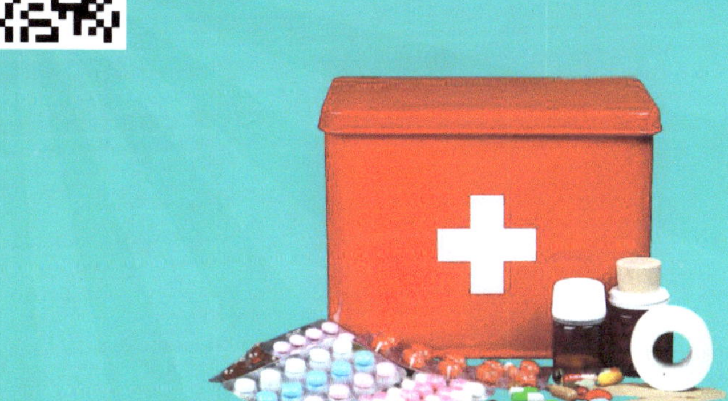

trousse de secours

första hjälpen-kit

jouer

leka

dessiner

rita

compter

räkna

écrire

skriva

danse

dans

natation

simning

ski

skidåkning

basket-ball

basketboll

tennis

tennis

ping pong

bordtennis

football

fotboll

équitation

ridning

hockey sur glace

ishockey

judo

judo

boxe

boxning

course à pied

löpning

baseball

baseboll

cricket

cricket

rugby

rugby

volley-ball

volleyboll

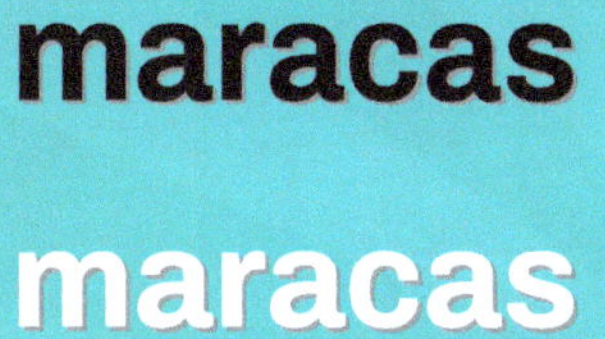

maracas

maracas

tambourin

tamburin

xylophone

xylofon

violon

fiol

piano

piano

guitare

gitarr

violoncelle

cello

harpe

harpa

tambour

trumma

djembé

djembe

batterie

trumset

trompette

trumpet

cor d'harmonie

horn

saxophone

saxofon

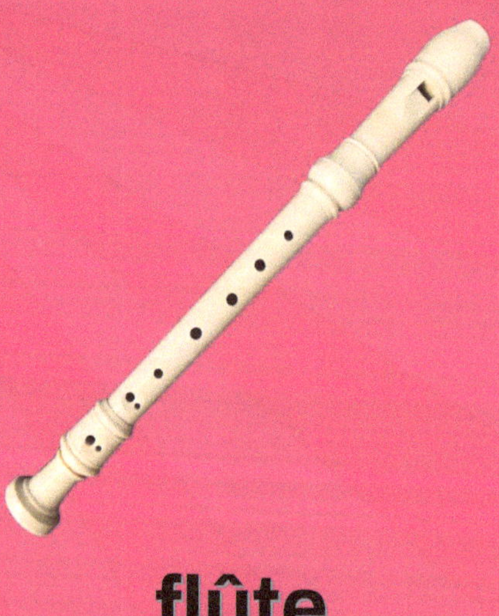

flûte

flöjt

casque

hörlurar

chanter

sjunga

partition

noter

micro

mikrofon

www.ingramcontent.com/pod-product-compliance
Lightning Source LLC
LaVergne TN
LVHW071211160826
845679LV00003B/796

* 9 7 9 1 0 4 1 7 0 6 1 6 7 *